VALGIKOKT

KIIRE VALGUALLIKAS 100 MUGAVAS RETSEPTIS

Indrek Smirnov

SISUKORD

SISSEJUHATUS

Mis on valgukokteil?

Proteiinikokteil (või valgusmuutid) on valgujoogid, mida tavaliselt tarbitakse enne või pärast treeningut, et aidata kaasa lihaste taastumisele. Valgukokteile valmistatakse tavaliselt külmutatud puuviljadest/jääst, valguallikast, näiteks valgupulbrist, ja vedelikust.

Kas valgukokteil on teile kasulik? Kõige tervislikumad valgukokteilid on need, mida teete blenderis, sest saate kontrollida, mis neisse läheb. Siin on eesmärk madal suhkrusisaldus + kõrge valgusisaldus ja ilma lisanditeta.

Valgukokteili eelised Valgukokteil on suurepärane asi, mida pärast treeningut juua, et aidata lihastel korralikult taastuda. Lisaks treeningujärgsele ajale võib valgukokteile kasutada toidukorra asendajana, kui neis on piisavalt kaloreid või isegi valgurikast vahepala.

Valgukokteil enne või pärast treeningut? Meie eelistatud aeg valgukokteili joomiseks on pärast treeningut, kuid on öeldud, et kas enne või pärast treeningut on sama kasu!

Valkude tüübid

Need on parimad valguallikad, mida oma valgukokteilile lisada ja kui palju valku/portsjonit igast saad.

A. VALGUPULBER

Valgupulber on nii lihtne viis piisava koguse valku oma kokteili sisse saada, kuna valikuid on nii palju ja seda on toidupoest väga lihtne leida!

B. PÄHKLID/PÄHKLIVÕI

Pähklid ja pähklivõi on lemmikud ja maitsvad valguallikad, mida oma valgukokteilile lisada. Sa ei saa mitte ainult valku, vaid ka kiudaineid ja tervislikke rasvu!

C. SEEMNED

Ükskõik, kas lisate valgukokteilile või lisate need otse segusse, on seemned suurepärane vegan-, paleo- ja keto-sõbralik valgulisand!

D. PUUVILJAD/KÖÖGIVILJAD

Enamik valgukokteile algab külmutatud puuvilja põhjaga, sest seda on lihtne segada ja see on ülimaitseline.

E. MUUD VALGUALLIKAD

Kreeka jogurt on lemmik ja muudab teie smuutid ülikreemjaks!

KAALU ALANE VALGIKOKTEID

1. Põhiline valgukokteil

SAAGIK: 1

Koostisained

- 1 tass külmutatud puuvilju või jääd (banaan, marjad jne)
- 2-4 portsjonit valku (valgupulber, pähklivõi, seemned jne)
- 1/3 tassi - 1 tass vedelikku (mandlipiim, vesi, apelsinimahl jne)
- valikuline: magusaine

Juhised

a) Esiteks asetage puuvili või jää oma kiirblenderi põhjale.

b) Järgmisena lisage mõned oma lemmikvalguallikad. Soovitame siin kasutada 2-4 erinevat allikat olenevalt sellest, kui palju valku soovite tarbida.

c) Alustuseks lisage 1/3 tassi vedelikku ja soovi korral valikulist magusainet.

d) Seejärel pange segistile kaas ja segage kõrgel temperatuuril umbes minut või kuni segu on ühtlane. Kui teie valgukokteil ei segune kergesti, lisage veidi rohkem vedelikku ja jätkake segamist.

e) Serveeri kohe.

2. Vanilje valgukokteil

Portsjonid 1

Koostisained

- 1 külmutatud banaan, tükkidena

- 1 lusikas (25 g) vaniljevalgupulbrit

- 3/4 tassi mandlipiima

- 1/4 tl kaneeli

- 1/4 tl vaniljeekstrakti või kraabitud vaniljekauna

- 1/2 supilusikatäit chia seemneid või linaseemneid, valikuline

- peotäis jääd

Juhised

a) Lisa blenderisse kõik koostisosad, välja arvatud lisandid.
b) Banaan, kaneel, vaniljevalgupulber, chia seemned, mandlipiim ja vanill segistis.
c) Blenderda ühtlaseks. Maitse ja vajadusel reguleeri jääd või koostisosi. Lisa lisandid (kui kasutad) ja naudi!

3. Kohvivalgu kokteili

Koostisained

- 1/2 tassi külma pruuli
- 1/2 tassi piimavaba piima, mulle meeldib kaera- või kookospiim lisakreemuse saamiseks
- 1 külmutatud banaan, tükkidena
- $\frac{1}{4}$ tassi külmutatud lillkapsa riisi või jääd
- 1 lusikas (25 g) vaniljevalgupulbrit (või šokolaadivalgupulbrit)
- 1/2 supilusikatäit chia seemneid
- 1/4 tl kaneeli
- 1 supilusikatäis mandlivõid

Juhised

a) Lisa blenderisse kõik koostisosad, välja arvatud lisandid.
b) Banaan, kaneel, vanilje valgupulber, chia seemned, mandlipiim ja vanill blenderis.
c) Blenderda ühtlaseks. Maitse ja vajadusel reguleeri jääd või koostisosi. Lisa lisandid (kui kasutad) ja naudi!

4. Banaani valgukokteil

Koostisained

- 1 külmutatud banaan, tükkidena
- 1 lusikas (25 g) vaniljevalgupulbrit
- 3/4 tassi piima
- 1/4 tassi kreeka jogurtit või rohkem piima
- 1/2 supilusikatäit chia seemneid või linaseemneid, valikuline

Juhised

a) Lisa blenderisse kõik koostisosad, välja arvatud lisandid.
b) Banaan, kaneel, vaniljevalgupulber, chia seemned, mandlipiim ja vanill segistis.
c) Blenderda ühtlaseks. Maitse ja vajadusel reguleeri jääd või koostisosi. Lisa lisandid (kui kasutad) ja naudi!

5. Šokolaadi valgukokteil

Koostisained

- 1 lusikas (25 g) šokolaadivalgupulbrit

- 1/2 supilusikatäit kakaopulbrit

- 1 külmutatud banaan, tükkidena

- 3/4 tassi piima

- 1/2 supilusikatäit chia seemneid või linaseemneid, valikuline

- peotäis jääd

- kookosvahukoor, katteks (valikuline)

Juhised

a) Lisa blenderisse kõik koostisosad, välja arvatud lisandid.
b) Banaan, kaneel, vaniljevalgupulber, chia seemned, mandlipiim ja vanill segistis.
c) Blenderda ühtlaseks. Maitse ja vajadusel reguleeri jääd või koostisosi. Lisa lisandid (kui kasutad) ja naudi!

6. Vegan Berry Protein Shake

Koostisained

- 1 lusikas (25 g) vaniljevalgupulbrit

- 1 tass külmutatud segatud marju

- peotäis spinatit, valikuline

- 1 tass piimavaba piima

- 1 spl india- või mandlivõid

- 1/2 T chia seemneid või linaseemneid, valikuline

- vajadusel jääd

Juhised

a) Lisa blenderisse kõik koostisosad, välja arvatud lisandid.
b) Banaan, kaneel, vanilje valgupulber, chia seemned, mandlipiim ja vanill blenderis.
c) Blenderda ühtlaseks. Maitse ja vajadusel reguleeri jääd või koostisosi. Lisa lisandid (kui kasutad) ja naudi!
d) Blenderis vanilje valgukokteil.

7. Maapähklivõi valgukokteil

Koostisained

- 1 lusikas (25 g) vaniljevalgupulbrit

- 2 supilusikatäit maapähklivõid või maapähklivõi pulbrit + veel niristamiseks

- 1 külmutatud banaan, tükkidena

- 3/4 tassi mandlipiima,

- vajadusel peotäis jääd

Juhised

a) Lisa blenderisse kõik koostisosad, välja arvatud lisandid.
b) Banaan, kaneel, vanilje valgupulber, chia seemned, mandlipiim ja vanill blenderis.
c) Blenderda ühtlaseks. Maitse ja vajadusel reguleeri jääd või koostisosi. Lisa lisandid (kui kasutad) ja naudi!

8. Banaani mandlivalgu smuuti

Koostis:

- ½ tassi kookosvett
- ½ tassi tavalist kreeka jogurtit
- 3 supilusikatäit mandlivõid
- 1 lusikas vadakuvalgu pulbrit
- 1 supilusikatäis kooritud kanepiseemneid
- 1 külmutatud banaan
- 1 tass jääd

Juhised

a) Blenderda ühtlaseks.
b) Maitse ja vajadusel reguleeri jääd või koostisosi.

9. Protein Power smuuti

Koostis:

- $\frac{3}{4}$ tassi rasvavaba piima
- $\frac{1}{2}$ küpset banaani
- $\frac{1}{2}$ tassi külmutatud vaarikaid
- $\frac{1}{2}$ tassi külmutatud mustikaid
- 1 lusikas vanilje vadakuvalgu pulbrit
- 5 jääkuubikut

Juhised

a) Blenderda ühtlaseks.

b) Maitse ja vajadusel reguleeri jääd või koostisosi.

10. Väga Berry Super Shake

Koostis:

- 12 untsi. vesi
- 1 tass spinatit
- 2 tassi külmutatud segatud marju
- 1/2 tassi tavalist madala rasvasisaldusega jogurtit
- 2 lusikatäit vanilje valgupulbrit
- 1 supilusikatäis kreeka pähkleid
- 1 supilusikatäit jahvatatud linaseemneid

Juhised

a) Blenderda ühtlaseks.
b) Maitse ja vajadusel reguleeri jääd või koostisosi.

11. Õuna- ja teraviljakokteil

Koostis:

- 12 untsi. vesi, piim või jogurt
- 2 lusikatäit vaniljemaitselist valku
- 1 õun, südamik eemaldatud ja viiludeks lõigatud
- 1 tass spinatit
- 2 supilusikatäit mandleid
- $\frac{1}{4}$ tassi keetmata kaera
- Jääd vastavalt vajadusele
- Kaneel, maitse järgi

Juhised

a) Blenderda ühtlaseks.

b) Maitse ja vajadusel reguleeri jääd või koostisosi.

12. Šokolaad, maapähklivõi ja banaanikokteil

Koostis:

- 12 untsi. vesi, piim või jogurt
- 2 lusikatäit šokolaadimaitselist valgupulbrit
- 1 banaan
- 1 tass spinatit
- 2 supilusikatäit naturaalset maapähklivõid
- 1 supilusikatäis kakaotükke või tumedat kakaopulbrit

Juhised

a) Blenderda ühtlaseks.
b) Maitse ja vajadusel reguleeri jääd või koostisosi.

13. Maasika banaanikokteil

Koostis:

- 12 untsi. vesi, piim või jogurt
- 2 lusikatäit vanilje- või maasikamaitselist valgupulbrit
- 1 banaan
- 1 tass külmutatud maasikaid
- 1 tass spinatit
- 2 supilusikatäit jahvatatud lina

Juhised

a) Blenderda ühtlaseks.
b) Maitse ja vajadusel reguleeri jääd või koostisosi.

14. Chocolate Cherry Awesomeness Shake

Koostis:

- 12 untsi. vesi, piim või jogurt
- 2 lusikatäit šokolaadimaitselist valgupulbrit
- 2 tassi magusaid tumedaid kirsse, kivid eemaldatud
- 1 tassi spinatit
- 1 supilusikatäis kreeka pähkleid
- 1 spl jahvatatud lina
- 1 supilusikatäis kakaotükke või tumedat kakaopulbrit

Juhised

a) Blenderda ühtlaseks.
b) Maitse ja vajadusel reguleeri jääd või koostisosi.

15. Vanilje kõrvitsakook

Koostis:

- 12 untsi. vesi, piim või jogurt
- 2 lusikatäit vaniljemaitselist valgupulbrit
- $\frac{3}{4}$ tassi püreestatud kõrvitsat
- 1 supilusikatäis kreeka pähkleid
- 1 supilusikatäis jahvatatud lina
- $\frac{1}{2}$ tassi keetmata kaera
- Maitse järgi kaneeli ja vanilje ekstrakti
- Jääd vastavalt vajadusele

Juhised

a) Blenderda ühtlaseks.
b) Maitse ja vajadusel reguleeri jääd või koostisosi.

16. Küpsetatud õunakokteil

Koostis:

- 12 untsi. vesi, piim või jogurt
- 2 lusikatäit vaniljemaitselist valgupulbrit
- 1 õun, südamik eemaldatud ja viiludeks lõigatud
- 1 tass spinatit
- 1 supilusikatäis mandleid
- 1 supilusikatäis jahvatatud lina
- 1 supilusikatäis seesamiseemneid
- Kaneel maitse järgi
- Jääd vastavalt vajadusele

Juhised

a) Blenderda ühtlaseks.

b) Maitse ja vajadusel reguleeri jääd või koostisosi.

17. Tropical Power Shake

Koostis:

- 12 untsi. vesi, piim või jogurt
- 2 lusikatäit vaniljemaitselist valgupulbrit
- $\frac{1}{2}$ banaani
- 1 tass ananassi
- 1 tass spinatit
- 1 supilusikatäis jahvatatud lina
- 2 supilusikatäit magustamata kookoshelbeid
- $\frac{1}{2}$ tassi tavalist jogurtit või vegan alternatiivi

Juhised

a) Blenderda ühtlaseks.

b) Maitse ja vajadusel reguleeri jääd või koostisosi.

18. Superfood Shake

Koostis:

- 1/2 tassi külmutatud kirsse
- 8 untsi vesi
- 1/2 tassi hakitud toorest peeti
- 1/2 tassi külmutatud maasikaid
- 1/2 tassi külmutatud mustikaid
- 1/2 banaani
- 1 lusikas šokolaadi vadakuvalku
- 1 supilusikatäit jahvatatud linaseemneid

Juhised

a) Blenderda ühtlaseks.
b) Maitse ja vajadusel reguleeri jääd või koostisosi.

19. Dr Mike'i jõuraputus

Koostis:

- $\frac{1}{4}$ tassi madala rasvasisaldusega kodujuustu
- 1 tass mustikaid (värsked või külmutatud)
- 1 lusikas vanilje valgupulbrit
- 2 supilusikatäit linaseemnejahu
- 2 supilusikatäit kreeka pähkleid, hakitud
- $1\frac{1}{2}$ tassi vett
- 3 jääkuubikut

Juhised

a) Blenderda ühtlaseks.

b) Maitse ja vajadusel reguleeri jääd või koostisosi.

20. Kahekordne šokolaadimündikokteil

Koostis:

- 1 lusikas šokolaadivalgupulbrit
- 3/4 tassi šokolaadi mandlipiima
- 1 supilusikatäis kreeka pähkleid
- 2 supilusikatäit kakaopulbrit, magustamata
- 1 supilusikatäis kakao nibse
- 2 piparmündi lehte
- 4 jääkuubikut
- $\frac{1}{4}$ tassi vett

Juhised

a) Blenderda ühtlaseks.

b) Maitse ja vajadusel reguleeri jääd või koostisosi.

21. Oranž kreemjas koor

Koostis:

- 1 lusikas vanilje valgupulbrit
- 1 apelsin
- ¼ apelsinikoort
- 1 supilusikatäis kreeka pähkleid
- 2 supilusikatäit linaseemnejahu
- 1 tass vett
- ½ tassi apelsinimahla
- 3 jääkuubikut

Juhised

a) Blenderda ühtlaseks.
b) Maitse ja vajadusel reguleeri jääd või koostisosi.

22. Vanilje kohvikokteil

Koostisained

- $\frac{1}{2}$ tassi vanilje mandlipiima
- $\frac{1}{2}$ tassi külmpruulitud musta kohvi
- 2 lusikatäit vanilje valgupulbrit
- vedel stevia maitse järgi
- peotäis jääkuubikuid

Juhised

a) Blenderda ühtlaseks.

b) Maitse ja vajadusel reguleeri jääd või koostisosi.

23. Kaerahelbed Shake

Koostisained

- ¼ tassi kuiva kaera
- 2 lusikatäit vanilje valgupulbrit
- ½ tl jahvatatud kaneeli
- 1 tl puhast vahtrasiirupit
- 1 ½ tassi vett või mandlipiima
- peotäis jääkuubikuid

Juhised

a) Blenderda ühtlaseks.
b) Maitse ja vajadusel reguleeri jääd või koostisosi.

24. Banaanipähkli Shake

Koostisained

- ½ banaani
- 1 tass mandlipiima või vett
- 10 mandlit
- 1 lusikas vanilje valgupulbrit
- peotäis jääkuubikuid

Juhised

a) Blenderda ühtlaseks.
b) Maitse ja vajadusel reguleeri jääd või koostisosi.

25. Cafe Mocha Shake

Koostisained

- ½ tassi mandlipiima
- ½ tassi külmpruulitud musta kohvi
- 2 lusikatäit šokolaadivalgupulbrit
- 1 tl magustamata kakaopulbrit
- vedel stevia maitse järgi
- peotäis jääkuubikuid

Juhised

a) Blenderda ühtlaseks.
b) Maitse ja vajadusel reguleeri jääd või koostisosi.

26. Sunny Morning Shake

Koostisained

- 1 seemneteta, kooritud apelsin
- 1 tass mandlipiima
- 2 lusikatäit maitsestamata valgupulbrit
- peotäis jääkuubikuid

Juhised

a) Blenderda ühtlaseks.

b) Maitse ja vajadusel reguleeri jääd või koostisosi.

27. Apelsini kreemjas shake

Koostisained

- $\frac{1}{2}$ külmutatud banaani
- $\frac{1}{2}$ tassi vaniljekreeka jogurtit
- 1 tass värskelt pressitud apelsinimahla
- 2 lusikatäit vanilje valgupulbrit
- peotäis jääkuubikuid

Juhised

a) Blenderda ühtlaseks.
b) Maitse ja vajadusel reguleeri jääd või koostisosi.

28. Õhuke piparmündikokteil

Koostisained

- ½ külmutatud banaani
- 1 tass mandlipiima või vett
- 2 lusikatäit šokolaadivalgupulbrit
- 1 tl magustamata kakaopulbrit
- ¼ tl piparmündi ekstrakti
- 4 värsket piparmündilehte (valikuline)

Juhised

a) Blenderda ühtlaseks.

b) Maitse ja vajadusel reguleeri jääd või koostisosi.

29. Bright Berry Shake

Koostisained

- 1 ½ tassi vett või mandlipiima
- 2 lusikatäit vanilje valgupulbrit
- 8 vaarikat
- 4 maasikat
- 12 mustikat
- peotäis jääkuubikuid

Juhised

a) Blenderda ühtlaseks.
b) Maitse ja vajadusel reguleeri jääd või koostisosi.

30. Maasika vanilje Shake

Koostisained

- 1 $\frac{1}{2}$ tassi vett või mandlipiima
- 2 lusikatäit vanilje valgupulbrit
- 1 peotäis jääkuubikuid
- 1 tl vaniljeekstrakti
- $\frac{1}{2}$ külmutatud banaani
- 3 külmutatud maasikat

Juhised

a) Blenderda ühtlaseks.
b) Maitse ja vajadusel reguleeri jääd või koostisosi.

31. Vaarika juustukoogi Shake

Koostisained

- 1 ½ tassi vett või mandlipiima
- 2 lusikatäit vanilje valgupulbrit
- 15 külmutatud vaarikat
- 2 supilusikatäit madala rasvasisaldusega hapukoort
- vedel stevia maitse järgi

Juhised

a) Blenderda ühtlaseks.
b) Maitse ja vajadusel reguleeri jääd või koostisosi.

32. Maapähklivõi tassikokteil

Koostisained

- 1 tass vett või mandlipiima
- 2 lusikatäit šokolaadivalgupulbrit
- 1 tl magustamata kakaopulbrit
- 1 supilusikatäis kreemjat maapähklivõid
- peotäis jääkuubikuid

Juhised

a) Blenderda ühtlaseks.
b) Maitse ja vajadusel reguleeri jääd või koostisosi.

33. Kreemjas šokolaadikokteil

Koostisained

- 1 tass vett või mandlipiima
- 2 lusikatäit šokolaadivalgupulbrit
- 1 tl magustamata kakaopulbrit
- 2 supilusikatäit madala rasvasisaldusega hapukoort
- vedel stevia maitse järgi

Juhised

a) Blenderda ühtlaseks.
b) Maitse ja vajadusel reguleeri jääd või koostisosi.

34. Papaia ingveri piparmündi kokteili

Koostisained

- ½ tassi värsket hakitud papaiat
- ½ tl värsket hakitud ingverit
- 4 värsket piparmündi lehte
- 1 tass vett või mandlipiima
- 2 lusikatäit vanilje valgupulbrit
- peotäis jääkuubikuid
- tilk mett maitse järgi

Juhised

a) Blenderda ühtlaseks.
b) Maitse ja vajadusel reguleeri jääd või koostisosi.

35. Mustika Mango Shake

Koostisained

- $\frac{1}{2}$ tassi värsket või külmutatud hakitud mangot
- $\frac{1}{4}$ tassi värskeid või külmutatud mustikaid
- $\frac{1}{4}$ tassi tavalist kreeka jogurtit
- 1 tass vett või mandlipiima
- 2 lusikatäit vanilje valgupulbrit

Juhised

a) Blenderda ühtlaseks.
b) Maitse ja vajadusel reguleeri jääd või koostisosi.

36. Spinati, kiivi ja chia seemnekokteil

Koostisained

- 1 ½ tassi vett või mandlipiima
- 1 tass pakitud spinatit
- 1 küps kiivi, kooritud ja tükkideks lõigatud
- 2 lusikatäit vanilje valgupulbrit
- 1 supilusikatäis chia seemneid
- peotäis jääkuubikuid

Juhised

a) Blenderda ühtlaseks.
b) Maitse ja vajadusel reguleeri jääd või koostisosi.

37. Kaerahelbeküpsisekokteil

Koostisained

- $\frac{1}{4}$ tassi kuiva kaera
- $1\frac{1}{2}$ tassi vett või mandlipiima
- 2 lusikatäit vanilje valgupulbrit
- $\frac{1}{2}$ külmutatud banaani, kooritud ja tükeldatud
- 1 tl mett
- $\frac{1}{2}$ tl jahvatatud kaneeli
- $\frac{1}{2}$ tl vaniljeekstrakti
- näputäis jahvatatud ingverit, muskaatpähklit ja soola

Juhised

a) Blenderda ühtlaseks.
b) Maitse ja vajadusel reguleeri jääd või koostisosi.

38. Maapähklivõi ja želee shake

Koostisained

- ½ külmutatud banaani
- 1 tass mandlipiima või vett
- 2 supilusikatäit kreemjat maapähklivõid
- ½ tassi külmutatud maasikaid
- 2 lusikatäit vanilje valgupulbrit
- peotäis jääkuubikuid

Juhised

a) Blenderda ühtlaseks.
b) Maitse ja vajadusel reguleeri jääd või koostisosi.

39. Vanilla Matcha Avokaado Shake

Koostisained

- 1 $\frac{1}{2}$ tassi mandlipiima või vett
- 2 lusikatäit vanilje valgupulbrit
- $\frac{1}{4}$ tl vaniljeekstrakti
- $\frac{1}{2}$ avokaadot, kivideta ja kooritud
- 2 tl matcha pulbrit
- 1 peotäis spinatit

Juhised

a) Blenderda ühtlaseks.

b) Maitse ja vajadusel reguleeri jääd või koostisosi.

40. Kirsi mandli kokteili

Koostisained

- 1 tass vett või mandlipiima
- 2 lusikatäit vanilje valgupulbrit
- $\frac{1}{2}$ tassi külmutatud, kivideta kirsse
- 2 supilusikatäit mandlivõid
- peotäis jääkuubikuid

Juhised

a) Blenderda ühtlaseks.

b) Maitse ja vajadusel reguleeri jääd või koostisosi.

41. Mesi banaanikokteil

Koostisained

- 1 ½ tassi vett või mandlipiima
- 1 külmutatud banaan
- ¼ tassi tavalist kreeka jogurtit
- 2 lusikatäit vanilje valgupulbrit
- 1 tl mett
- puista jahvatatud muskaatpähklit

Juhised

a) Blenderda ühtlaseks.

b) Maitse ja vajadusel reguleeri jääd või koostisosi.

42. Porgandikoogi Shake

Koostisained

- 1 ½ tassi vett või mandlipiima
- 2 lusikatäit vanilje valgupulbrit
- ¼ tassi hakitud porgandit
- ¼ tassi hakitud kreeka pähkleid
- ¼ tassi tavalist kreeka jogurtit
- ¼ tl jahvatatud kaneeli
- näputäis jahvatatud muskaatpähklit ja jahvatatud ingverit

Juhised

a) Blenderda ühtlaseks.
b) Maitse ja vajadusel reguleeri jääd või koostisosi.

43. Key Lime Pie Shake

Koostisained

- $\frac{1}{2}$ tassi vaniljekreeka jogurtit
- 1 tass mandlipiima või vett
- 2 lusikatäit vanilje valgupulbrit
- 1 supilusikatäis laimimahla
- stevia maitse järgi
- peotäis jääkuubikuid

Juhised

a) Blenderda ühtlaseks.
b) Maitse ja vajadusel reguleeri jääd või koostisosi.

44. Virsiku kaerahelbekokteil

Koostisained

- 1 ½ tassi vett või mandlipiima
- 2 lusikatäit vanilje valgupulbrit
- ¼ tassi kuiva kaera
- 1 virsik, kivideta, kooritud ja tükeldatud
- peotäis jääkuubikuid
- ½ külmutatud banaani, kooritud ja tükeldatud
- stevia maitse järgi

Juhised

a) Blenderda ühtlaseks.
b) Maitse ja vajadusel reguleeri jääd või koostisosi.

45. Vanilli Chai Shake

Koostisained

- 1 tass mandlipiima või vett
- 2 lusikatäit vanilje valgupulbrit
- $\frac{1}{4}$ tassi kanget keedetud, jahutatud teed
- $\frac{1}{4}$ tl vaniljeekstrakti
- näputäis jahvatatud kaneeli, nelki ja kardemoni
- peotäis jääkuubikuid
- puista chia seemneid

Juhised

a) Blenderda ühtlaseks.
b) Maitse ja vajadusel reguleeri jääd või koostisosi.

46. Apple Pie a la Mode Shake

Koostisained

- 1 tass vett või mandlipiima
- 1 õun, kooritud, puhastatud südamikust ja peeneks hakitud
- $\frac{1}{4}$ tassi vanilje Kreeka jogurtit
- 1 supilusikatäis õunavõid
- $\frac{1}{2}$ tl jahvatatud õunakoogi vürtsi
- 2 lusikatäit vanilje valgupulbrit
- stevia maitse järgi

Juhised

a) Blenderda ühtlaseks.
b) Maitse ja vajadusel reguleeri jääd või koostisosi.

47. Kaneelirulli raputus

Koostisained

- 1 ½ tassi vett või mandlipiima
- 2 lusikatäit vanilje valgupulbrit
- ¼ tl jahvatatud kaneeli
- ½ tassi vaniljekreeka jogurtit
- ¼ tassi kuiva kaera
- ½ banaani, kooritud

Juhised

a) Blenderda ühtlaseks.

b) Maitse ja vajadusel reguleeri jääd või koostisosi.

48. Hawaii päikesetõusu raputus

Koostisained

- 1 tass mandlipiima või vett
- 2 lusikatäit vanilje valgupulbrit
- $\frac{1}{2}$ banaani
- $\frac{1}{2}$ tassi ananassi
- $\frac{1}{2}$ tassi tavalist kreeka jogurtit
- stevia maitse järgi
- peotäis jääkuubikuid

Juhised

a) Blenderda ühtlaseks.
b) Maitse ja vajadusel reguleeri jääd või koostisosi.

49. Snickerdoodles Shake

Koostisained

- 1 tass vett või mandlipiima
- 2 lusikatäit vanilje valgupulbrit
- $\frac{1}{2}$ banaani
- 1 supilusikatäis kreemjat mandlivõid
- $\frac{1}{4}$ tl jahvatatud kaneeli
- $\frac{1}{4}$ tl vaniljeekstrakti

Juhised

a) Blenderda ühtlaseks.
b) Maitse ja vajadusel reguleeri jääd või koostisosi.

50. Šokolaadiküpsisekokteil

Koostisained

- 1 ½ tassi mandlipiima või vett
- 2 lusikatäit vanilje valgupulbrit
- ¼ tassi kuiva kaera
- ¼ tl imitatsioonivõimaitset
- ¼ tl vaniljeekstrakti
- näputäis soola
- peotäis jääkuubikuid
- 1 supilusikatäis minišokolaaditükke
- stevia maitse järgi

Juhised

a) Blenderda ühtlaseks.
b) Maitse ja vajadusel reguleeri jääd või koostisosi.

51. Šokolaadi Brownie Shake

Koostisained

- 1 külmutatud banaan, kooritud ja tükeldatud
- $\frac{1}{4}$ tassi keedetud kohvi, jahutatud
- $\frac{3}{4}$ tassi mandlipiima
- 2 lusikatäit šokolaadivalgupulbrit
- 2 supilusikatäit magustamata kakaopulbrit
- $\frac{1}{4}$ tl vaniljeekstrakti
- näputäis soola
- 1 supilusikatäis minišokolaaditükke

Juhised

a) Blenderda ühtlaseks.
b) Maitse ja vajadusel reguleeri jääd või koostisosi.

52. Pina Colada Shake

Koostisained

- 1 külmutatud banaan, kooritud ja tükeldatud
- $\frac{1}{2}$ tassi värsket ananassi, tükeldatud
- 1 tass kookospiima
- 2 lusikatäit vanilje valgupulbrit
- 1 supilusikatäis hakitud, magustamata kookospähklit

Juhised

a) Blenderda ühtlaseks.

b) Maitse ja vajadusel reguleeri jääd või koostisosi.

BUTT GROWER PROTEIN SHAKES

53. Šokolaadiperse kasvataja

Koostisained

- Piim
- Suhkur
- 1 lusikas vadakuvalku
- 1 viilutatud banaan
- 1 suur lusikas maapähklivõid
- 2 1/2 suurt lusikat šokolaadijäätist
- 3 šokolaadiküpsist
- Šokolaad Nesquik

Juhised

a) Blenderda ühtlaseks.
b) Maitse ja vajadusel reguleeri jääd või koostisosi.

54. Banaanieesli kasvataja

Koostisained

- Piim
- Suhkur
- 1 lusikas vadakuvalku
- 1 viilutatud banaan
- 1 1/2 lusikatäit maapähklivõid
- Banaan Nesquik

Juhised

a) Blenderda ühtlaseks.

b) Maitse ja vajadusel reguleeri jääd või koostisosi.

55. Maasikaperse kasvataja

Koostisained

- Piim
- Suhkur
- 1 lusikas vadakuvalku
- 1 maasika puuviljanurk
- 1 suur lusikas maasikamoosi
- Maasikas Nesquik

Juhised

a) Blenderda ühtlaseks.
b) Maitse ja vajadusel reguleeri jääd või koostisosi.

56. Uskumatu Bulk Vegan Shake

Koostisained

- 200 ml kookospiima
- 1 lusikas SF Nutrition Vegan Madagascan Vanilli Protein
- Peotäis spinatit
- 50 g ananassi
- $\frac{1}{2}$ banaani
- $\frac{1}{2}$ laimi

Juhised

a) Blenderda ühtlaseks.
b) Maitse ja vajadusel reguleeri jääd või koostisosi.

KEHA EHITAVAD VALGUŠOKITEID

57. Valgu Frappuccino

Koostisained

- 16 untsi jääkohvi
- 1 pakk valguvadakut
- 1 supilusikatäis tugevat vahukoort
- 1 supilusikatäis linaseemneõli

Juhised

a) Blenderda ühtlaseks.
b) Maitse ja vajadusel reguleeri jääd või koostisosi.

58. Oliivõli valgukokteil

Koostisained

- 1 8 OZ klaas vett
- 1 küps banaan
- 2 lusikatäit sojavalgu pulbrit
- 2 sl oliiviõli
- 1 või 2 sl maapähklivõid

Juhised

a) Blenderda ühtlaseks.
b) Maitse ja vajadusel reguleeri jääd või koostisosi.

59. Valgu smuuti

Koostisained

- 1/2 tassi külmutatud maasikaid (ilma suhkruta)
- 1/2 tassi FF piima
- 1 terve banaan
- 1 lusikas maitsestamata vadakuvalgu pulbrit
- 1 tass jääd

Juhised

a) Blenderda ühtlaseks.

b) Maitse ja vajadusel reguleeri jääd või koostisosi.

60. Muscle Building Shake

Koostisained

- 1 tass jääkuubikuid
- 3/4 tassi munavalget
- 3/4 tassi vanilje sojapiima
- 1 tass külmutatud maasikaid
- 1/2 banaani
- 1/2 tassi jõhvikamahla

Juhised

a) Blenderda ühtlaseks.
b) Maitse ja vajadusel reguleeri jääd või koostisosi.

61. Peanut Butter Cup valgukokteil

Koostisained

- 1 tass vett
- 2 lusikatäit 100% šokolaadi vadakupulbrit
- 3-4 supilusikatäit naturaalset rammusat maapähklivõid
- 1 spl linaseemneõli
- 1 tass jääkuubikuid

Juhised

a) Blenderda ühtlaseks.
b) Maitse ja vajadusel reguleeri jääd või koostisosi.

KÕRGE KALORIGA VALGUŠOKITEID

62. Maapähklivõi rabe kokteili

Koostisained

- 2 lusikatäit vaniljeproteiini
- 1 supilusikatäis suhkruvaba kiirpudingi segu, kuiv
- 1 supilusikatäis naturaalset maapähklivõid, rammus
- 8 untsi külm vesi või madala rasvasisaldusega piim
- 3-6 jääkuubikut

Juhised

Viska kõik koostisained 30-60 sekundiks blenderisse.

63. Juustune vanillikokteil

Koostisained

- 16 untsi. lõss
- 2 tassi rasvavaba kodujuustu
- 3 lusikatäit valgupulbrit
- 1/2 tassi rasvavaba vaniljejogurtit
- 1 lusikas teie lemmikpuuvilju
- Splenda maitse järgi
- 2-3 jääkuubikut

Juhised

Viska kõik koostisained 30-60 sekundiks blenderisse.

64. Maapähklivõi Apelsini Shake

Koostisained

- 12 untsi värsket apelsinimahla
- 2 lusikatäit vanilje vadakuvalku
- 1 banaan
- 2 spl naturaalset maapähklivõid
- 4 jääkuubikut

Juhised

Viska kõik koostisained 30-60 sekundiks blenderisse.

65. Blueberry Blast

Koostisained

- 1 tass vanilje mandlipiima
- 1 külmutatud banaan (koor enne külmutamist)
- 1/2 tassi mustikaid
- 1 lusikas maitsestamata või vaniljevalgupulbrit

Juhised

Viska kõik koostisained 30-60 sekundiks blenderisse.

66. Šokolaaditükkidega jäätisekokteil

Koostisained

- 1 tass šokolaadi mandlipiima
- 1 spl maapähklivõid
- 1 külmutatud banaan (koor enne külmutamist)
- 1 supilusikatäis kakao nibe
- 1 lusikas šokolaadivalgupulbrit
- $\frac{1}{2}$ tassi šokolaaditükke

Juhised

Viska kõik koostisained 30-60 sekundiks blenderisse.

67. Šokolaadi-maapähklivõi piimakokteil

Koostisained

- 2 supilusikatäit orgaanilist maapähklivõid
- 2 lusikatäit šokolaadivalgupulbrit
- 12 untsi kookospiima
- 2 supilusikatäit kakaopulbrit
- 2 supilusikatäit Splenda
- 2-3 jääkuubikut

Juhised

Viska kõik koostisained 30-60 sekundiks blenderisse.

68. Reeses Pieces Shake

Koostisained

- 1 tass kooritud piima
- 1 tass munavahustajaid
- 1 kuhjaga supilusikatäit peter panni meega röstitud maapähklivõid
- 2,5 lusikatäit topeltrikas šokolaadi vadakuvalku
- Piisav kogus sarapuupähkli maitseainet

Juhised

Viska kõik koostisained 30-60 sekundiks blenderisse.

69. Skaut

Koostisained

- 12 untsi. lõss
- 4-8 õhukest piparmündiküpsist tüdrukutele
- 2-3 jääkuubikut
- 2 lusikatäit šokolaadi vadakuproteiini

Juhised

Viska kõik koostisained 30-60 sekundiks blenderisse.

70. Põnev vanilje valgukokteil

Koostisained

- 2 lusikatäit vanilje vadakut
- 16 untsi. kerge sojapiim
- 1 supilusikatäis linaseemnete, soja ja mandli segu
- 1 tl siirupit
- Paar tilka vaniljeekstrakti
- 3-4 kuubikut jääd
- 1 supilusikatäis madala rasvasisaldusega naturaalset jogurtit

Juhised

Viska kõik koostisained 30-60 sekundiks blenderisse.

71. Mandli löök

Koostisained

- 2 lusikatäit vanilje Whey
- 10-12 untsi. lõssist
- 1/2 tassi kuiva kaerahelbeid
- 1/2 tassi rosinaid
- 12 purustatud mandlit
- 1 supilusikatäis mandlivõid

Juhised

Viska kõik koostisained 30-60 sekundiks blenderisse.

72. Piparmündi kaerahelbed

Koostisained

- 2 lusikatäit šokolaadiproteiini
- 1 tass suhkruvaba vaniljejäätist
- 1 tass kaerahelbeid
- 2 tassi rasvavaba piima või kooritud piima
- 1/2 tassi vett
- Piisatäis piparmündi ekstrakti

Juhised

Viska kõik koostisained 30-60 sekundiks blenderisse.

73. Uskumatu Hulk

Koostisained

- 2 lusikatäit vaniljeproteiini
- 1/2 supilusikatäit suhkruvaba pistaatsiapudingi segu
- Paar tilka piparmündi ekstrakti
- 1 paar tilka rohelist toiduvärvi (valikuline)
- 8 untsi külm vesi või madala rasvasisaldusega piim
- 3-5 jääkuubikut

Juhised

Viska kõik koostisained 30-60 sekundiks blenderisse.

74. Šokolaadi-maapähklivõi segu

Koostisained

- 2 tassi 2% piima
- 1/4 tassi maapähklivõid
- 3 jääkuubikut
- 1/2 banaani
- 1 lusikas šokolaadivalgupulbrit
- 1 tl šokolaadi Hershey siirupit

Juhised

Viska kõik koostisained 30-60 sekundiks blenderisse.

75. Mango kookospähkli kokteili

Koostisained

- 1 lusikas vanilje vadakuproteiini
- 3–4 külmutatud mangotükki
- 6 untsi kookospiima
- Vesi

Juhised

Viska kõik koostisained 30-60 sekundiks blenderisse.

76. Maasika banaanikokteil

Koostisained

- 1 lusikas maasika vadakuproteiini
- Peotäis lehtkapsast
- 5 külmutatud maasikat
- 1 banaan
- Vesi

Juhised

Viska kõik koostisained 30-60 sekundiks blenderisse.

77. Ananassi Shake

Koostisained

- 1 lusikas vanilje vadakuvalku
- 10 tükki külmutatud ananassi
- 16 untsi. Kookospiim

Juhised

Viska kõik koostisained 30-60 sekundiks blenderisse.

78. Arbuusi mango segu

Koostisained

- 1 lusikas vanilje vadakuproteiini
- Arbuus
- Külmutatud mango
- 12 untsi. Mandlipiim

Juhised

Viska kõik koostisained 30-60 sekundiks blenderisse.

79. Buckeye Shake

Koostisained

- 2 lusikatäit šokolaadivalgupulbrit
- 6 untsi mandlipiim
- 1,5 supilusikatäit maapähklivõid
- 1 supilusikatäis toorkakaopulbrit
- 4 untsi vesi (lahjema loksu jaoks rohkem, paksema loksu jaoks vähem)
- 3 jääkuubikut

Juhised

Viska kõik koostisained 30-60 sekundiks blenderisse.

80. Apple Crisp Shake

Koostisained

- 2 lusikatäit vanilje valgupulbrit
- 6 untsi mandlipiim
- ½ tassi õunakastet
- Purustatud jää
- Vesi

Juhised

Viska kõik koostisained 30-60 sekundiks blenderisse.

81. Mündi šokolaaditükkidega kokteili

Koostisained

- 2 lusikatäit šokolaadivalgupulbrit
- 12 untsi. piparmündimaitseline roheline tee
- 1 TSBP toorkakaopulber
- 1 supilusikatäis kakao nibe (valikuline)
- 3 jääkuubikut

Juhised

Viska kõik koostisained 30-60 sekundiks blenderisse.

82. India pähkli küpsiste valgukokteil

Koostisained

- 2 lusikatäit vanilje valgupulbrit
- 6 untsi mandlipiim
- 1,5 supilusikatäit india pähklivõid
- 4 untsi vesi
- 1-5 tilka vaniljeekstrakti
- 1-5 tilka võimaitseaineekstrakti
- 2-3 jääkuubikut

Juhised

Viska kõik koostisained 30-60 sekundiks blenderisse.

83. Mustikamuffin Shake

Koostisained

- 2 lusikatäit vanilje valgupulbrit
- 6 untsi mandlipiim
- 2/3 tassi mustikaid
- 2 tl india pähklivõid
- 1-5 tilka vaniljeekstrakti
- 4 untsi vesi (lahjema loksu jaoks rohkem, paksema loksu jaoks vähem)
- 3 jääkuubikuid

Juhised

Viska kõik koostisained 30-60 sekundiks blenderisse.

84. Maguskartulipiruka valgukokteil

Koostisained

- 2 lusikatäit vanilje valgupulbrit
- 6 untsi mandlipiim
- $\frac{1}{2}$ tassi maguskartulit (juba küpsetatud, ilma nahata)
- 1-5 tilka vaniljeekstrakti
- 4 untsi vesi (lahjema loksu jaoks rohkem, paksema loksu jaoks vähem)
- Purustatud jää
- Kõrvitsapirukas Vürts maitse järgi

Juhised

Viska kõik koostisained 30-60 sekundiks blenderisse.

TREENINGEELNE LAPSID

85. Šokolaadi kohvikokteil

Koostisained

- 2 lusikatäit šokolaadi vadakuproteiini
- 1 tass lõssi
- 3 jääkuubikut
- 1 tass vett
- 1 lusikatäis lahustuvat kohvi

Juhised

Viska kõik koostisained 30-60 sekundiks blenderisse.

86. Jam Shake

Koostisained

- 1 tass vaniljejogurtit (madala rasvasisaldusega)
- 1 banaan
- 2 supilusikatäit maasikamoosi
- 1 supilusikatäit mett
- 2 lusikatäit vanilje vadakuvalku

Juhised

Viska kõik koostisained 30-60 sekundiks blenderisse.

87. Pina Colada Shake

Koostisained

- 1,5 lusikatäit vanilje valgupulbrit
- 1 tl kookospähkli ekstrakti maitseainet
- 1/3 tassi purustatud ananassi või 2 ananassirõngast
- 1/4 tassi magustamata kookospiima
- Jääkuubikud ja vesi

Juhised

Viska kõik koostisained 30-60 sekundiks blenderisse.

TREENINGJÄRGSED RAPSUTUSED

88. Banaanileivakokteil

Koostisained

- 2 lusikatäit vanilje vadakuproteiini
- 1 banaan
- 1/2 tassi Quakeri kaerahelbed
- 1/2 tassi kliihelbed
- 350 ml vett
- 30 g dekstroosi

Juhised

Viska kõik koostisained 30-60 sekundiks blenderisse.

89. Marja- ja koorekokte

Koostisained

- 1-2 lusikatäit vanilje vadakuproteiini
- 2-3 jääkuubikut
- 1 väike purk ananassimahla
- 1 peotäis segatud marju

Juhised

Viska kõik koostisained 30-60 sekundiks blenderisse.

90. Berry Blast Shake

Koostisained

- 2 lusikatäit vanilje vadakuproteiini
- 1,5 tassi külmutatud marjade segu
- 4 supilusikatäit rasvavaba jogurtit
- 200 ml vett
- 25 g dekstroosi

Juhised

Viska kõik koostisained 30-60 sekundiks blenderisse.

91. Maasika-juustukoogi Shake

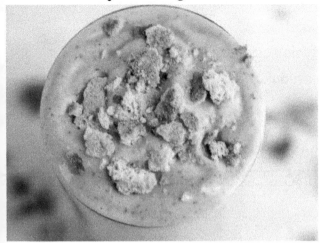

Koostisained

- 10 untsi. vesi
- 8 külmutatud maasikat
- 4 supilusikatäit madala rasvasisaldusega hapukoort
- 2 lusikatäit maasikavadakut
- 1 tl mett

Juhised

Viska kõik koostisained 30-60 sekundiks blenderisse.

92. Virsikud ja koorekaste

Koostisained

- 8-10 untsi. puhas vesi
- 1 küps virsik
- 2 supilusikatäit madala rasvasisaldusega hapukoort
- 1 tl mett
- 2 lusikatäit vanilje vadakut

Juhised

Viska kõik koostisained 30-60 sekundiks blenderisse.

93. Trennijärgne banaanivalgukokteil

Koostisained

- 2 banaani
- 1/2 tassi kodujuustu
- Vanilje vadakuvalk
- Tass piima
- Natuke jääd
- 1/2 teelusikatäit pruuni suhkrut

Juhised

a) Blenderda ühtlaseks.
b) Maitse ja vajadusel reguleeri jääd või koostisosi.

94. Treeningjärgne maasikavalgukokteil

Koostisained

- 8 untsi lõss (1% või 2%) – või SIIDPIim (väga madala laktoosisisaldusega soja)
- 1 banaan
- 8–10 külmutatud maasikat – VÕI – mis tahes külmutatud puuvilju, mis sulle meeldivad
- 1 lusikas Optimum 100% Whey – vaniljejäätise maitse
- 1 TBS linaõli
- 1 tl Glutamiini
- 1 tl kreatiini
- Splenda .... nii palju kui soovite või vajate

Juhised

a) Blenderda ühtlaseks.
b) Maitse ja vajadusel reguleeri jääd või koostisosi.

95. Taastav Citrus Shake

Koostisained

- ½ porgandit, kooritud ja viilutatud
- ½ apelsini, kooritud ja tükeldatud
- ¼ melonit, kooritud ja tükeldatud
- 1 lusikas vadakuvalgu pulbrit
- 125 ml india pähkli piima
- 50 ml vett
- Peotäis jääd

Juhised

Viska kõik koostisained 30-60 sekundiks blenderisse.

VOODI RAPSUTAB

96. Öömütsi raputada

Koostisained

- 2 lusikatäit šokolaadi vadakut
- 16 untsi. piim
- $\frac{1}{2}$ tassi kaerahelbeid
- 1 supilusikatäit mandlivõid
- 3 jääkuubikut

Juhised

Viska kõik koostisained 30-60 sekundiks blenderisse.

97. Ezekieli pähkli smuuti

Koostisained

- 2 lusikatäit vanilje vadakut
- ½ tassi Hesekieli teravilja
- 1 lusikas kaseiini
- 1 supilusikatäit maapähklivõid
- 16 untsi. lõss
- 3 jääkuubikut

Juhised

Viska kõik koostisained 30-60 sekundiks blenderisse.

98. Maguskartuli Shake

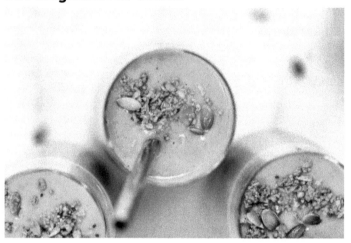

Koostisained

- 1 maguskartul, keedetud ja kooritud
- $\frac{1}{2}$ tl kaneeli
- 1/2 tassi hakitud mandleid
- 2 lusikatäit vadakuvalku (mis tahes maitsega)
- 16 untsi. täispiim

Juhised

Viska kõik koostisained 30-60 sekundiks blenderisse.

99. Kesköö Makadaamia

Koostisained

- 2 lusikatäit vanilje vadakut
- 12 untsi. mandlipiim
- 1 lusikas kaseiini
- $\frac{1}{2}$ tassi makadaamiapähkleid
- $\frac{1}{2}$ tassi kreeka jogurtit

Juhised

Viska kõik koostisained 30-60 sekundiks blenderisse.

100. Maapähklivõi-kokteil

Koostisained

- 2 lusikatäit vadakuvalku
- 1 lusikas kaseiini
- 12 untsi. kookospiim või mandlipiim
- 1 supilusikatäit šokolaadisiirupit
- 1 supilusikatäit krõmpsuvat maapähklivõid

Juhised

Viska kõik koostisained 30-60 sekundiks blenderisse.

KOKKUVÕTE

Valk on inimkeha kõige olulisem toitaine. See pole mitte ainult inimkeha põhikoostisosa , vaid see võib muutuda ka suhkruks ja rasvaks ning anda teatud tingimustel energiat. Võrreldes vastuoluliste "rasva" ja "süsivesikutega" on valk tõepoolest toonud palju tulusid ja kõrge valgukontsentratsiooniga valgupulber on kahtlemata otsetee valgu sissevõtmiseks. Paljud inimesed usuvad, et puudripott on viimane samm täiusliku kehakuju poole.

Inimesed joovad valgukokteile erinevatel põhjustel, sealhulgas lihasmassi kasvatamisel, kaalulangetamisel ja vigastustest taastumisel. Kuigi paljud toidud – nagu munad, liha, linnuliha, piim ja kaunviljad – pakuvad rohkelt tervislikke valke, on valgukokteilid ja -pulbrid muutunud populaarseks ja kvaliteetseks toidulisandiks igapäevaseks valgutarbimiseks.